Susan B. Anthony Elizabeth Cady Stanton

Primeras sufragistas

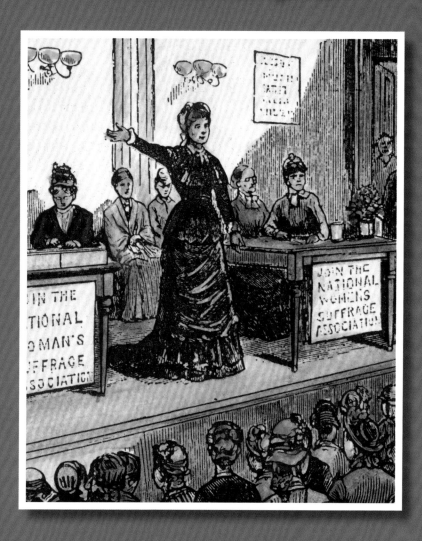

Harriet Isecke

T0141483

Asesor

Marcus McArthur, Ph.D.
Departamento de Historia
Saint Louis University

Créditos de publicación

Dona Herweck Rice, *editora en jefe*
Lee Aucoin, *directora creativa*
Chris McIntyre, M.A.Ed., *directora editorial*
Torrey Maloof, *editora asociada*
Neri García, *diseñador principal*
Stephanie Reid, *investigadora de fotos*
Rachelle Cracchiolo, M.A.Ed., *editora comercial*

Créditos de imágenes

portada The Granger Collection, Nueva York; pág. 1 The Granger Collection, Nueva York; pág. 4 The Library of Congress; pág. 5 The Library of Congress; pág. 6 The Library of Congress; pág. 7 (arriba) The Library of Congress; pág. 7 (medio) The Library of Congress; pág. 7 (abajo) European Publishing Company, 1897; pág. 8 *History of Woman Suffrage*, 1881/Google Books; pág. 9 (arriba) The Library of Congress; pág. 9 (abajo) The Granger Collection, Nueva York; pág. 10 (arriba) The Library of Congress; pág. 10 (abajo) The Library of Congress; pág. 11 The Granger Collection, Nueva York; pág. 12 The Library of Congress; pág. 13 The Library of Congress; pág. 14 National Archives; pág. 15 (izquierda) The Granger Collection, Nueva York; pág. 15 (derecha) The Library of Congress; pág. 16 The Granger Collection, Nueva York; pág. 17 (arriba) The Library of Congress; pág. 17 (abajo) National Archives; pág. 18 The Library of Congress; pág. 19 (arriba) The Bridgeman Art Library; pág. 19 (abajo) The Library of Congress; pág. 20 The Library of Congress; pág. 21 (arriba) The Granger Collection, Nueva York; pág. 21 (abajo) Getty Images; pág. 22 Corbis; pág. 23 (izquierda) National Archives; pág. 23 (derecha) The Library of Congress; págs. 24 y 25 The Library of Congress; pág. 25 The Library of Congress; pág. 27 (arriba) The Library of Congress; pág. 27 (abajo) The Library of Congress; pág. 28 The Library of Congress; pág. 29 (arriba) The Library of Congress; pág. 29 (abajo) National Archives; pág. 32 (izquierda) The Library of Congress; pág. 32 (derecha) The Library of Congress

Teacher Created Materials

5301 Oceanus Drive
Huntington Beach, CA 92649-1030
http://www.tcmpub.com

ISBN 978-1-4938-1670-5

© 2016 Teacher Created Materials, Inc.

Índice

¡Queremos los mismos derechos también!

Cuando Estados Unidos se convirtió en país, las mujeres tenían muy pocos derechos. No podían tener **propiedades** ni asistir a la mayoría de las universidades. No se les permitía votar.

Muchas mujeres valientes lucharon para tener los mismos derechos que los hombres. Dieron discursos. Marcharon. Su trabajo era peligroso. Algunas fueron lastimadas. Otras fueron enviadas a prisión. Pero esto no las detuvo. La lucha por el voto femenino se llamó movimiento por el **sufragio**.

Elizabeth Cady Stanton y Susan B. Anthony fueron dos líderes del movimiento sufragista. Se les llamó **sufragistas**. Las sufragistas apoyaban la idea de darles a otras personas, especialmente a las mujeres, el derecho al voto. Cady Stanton y Anthony eran buenas amigas. Hacían un buen equipo. Anthony organizaba todo. Hacía las cosas bien. A Cady Stanton le gustaba escribir y dar discursos.

Susan B. Anthony
(izquierda) y Elizabeth
Cady Stanton (derecha)

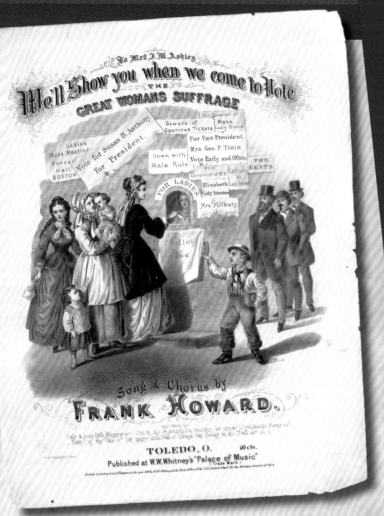

Cady Stanton y Anthony tenían muchos objetivos, pero su objetivo principal era que las mujeres tuvieran el derecho al voto.

¡No es para mí!

Susan B. Anthony decidió que no quería casarse. Valoraba su libertad y no quería perder su independencia. También quería tener tanto tiempo como fuera posible para dedicarse a los derechos de las mujeres.

Un matrimonio igualitario

Cady Stanton decidió casarse. Pero su esposo también creía que las mujeres debían tener los mismos derechos que los hombres. En su ceremonia, la pareja no incluyó la palabra *obedecer*. Querían que su matrimonio fuera igualitario. Cady Stanton además conservó su apellido. No la llamaban "señora de Henry Stanton", sino Elizabeth Cady Stanton.

Algunas personas tenían miedo de permitirles votar a las mujeres. Había quienes creían que esto podría dañar el país. Creían que podría dañar las familias. Otros creían que las mujeres no eran lo suficientemente inteligentes para votar. Creían que las mujeres debían quedarse en casa. Pero mujeres como Anthony y Cady Stanton no se dieron por vencidas. ¡Continuaron luchando!

Conoce a las líderes

Elizabeth Cady Stanton

Elizabeth Cady Stanton nació el 12 de noviembre de 1815 en Nueva York. Su padre era abogado y juez. Su madre provenía de una familia adinerada. La familia Cady era muy grande. Los Cady tuvieron 11 hijos. Pero cinco de ellos murieron cuando eran bebés. Cuando Cady Stanton tenía 11 años, murió el último hermano varón. Tenía apenas 20 años.

Cady Stanton con uno de sus hijos

Cady Stanton se sintió muy triste cuando su hermano murió. Su padre estaba destruido. No podía creer que había perdido a todos sus hijos varones. Le dijo a Cady Stanton que hubiera deseado que ella fuera un varón. Desde ese momento, Cady Stanton decidió ser tan valiente como los niños. Quería demostrarle a su padre que las niñas podían hacer lo mismo que los niños.

A Cady Stanton le encantaba leer y escribir. Como su padre era abogado, y después juez, tuvo acceso a muchos libros de derecho. Así comenzó a aprender sobre las leyes de Estados Unidos. Pronto supo lo injustas que eran estas leyes para las mujeres y quiso cambiarlas.

Una influencia importante

El primo de Cady Stanton, Gerrit Smith, era **abolicionista**. Fue un líder importante en el movimiento dedicado a poner fin a la esclavitud. Smith también creía que las mujeres debían tener los mismos derechos. A Cady Stanton le encantaba visitar a Smith en su casa. Allí siempre había grupos grandes de abolicionistas y **activistas**. Estas personas querían cambiar las leyes del país. A Cady Stanton le encantaba escuchar sus ideas y debatir con ellas.

Cady Stanton quería ponerle fin a la esclavitud y asistió a muchas reuniones abolicionistas como esta.

Gerrit Smith

Llámame Henry

Cady Stanton conoció a su esposo, Henry Stanton, en una de las reuniones de Smith. Después de su matrimonio, Cady Stanton llamaba a su esposo Henry. Esto quizás no parezca extraño, ya que ese era su nombre. Sin embargo, lo llamaba Henry delante de otras personas. En la sociedad educada, la mujer no debía llamar a su esposo por el nombre de pila. Este comportamiento escandalizó a muchos. Pero Cady Stanton no permitió que las reacciones de otras personas la molestaran. Continuó llamándolo Henry.

Henry Brewster Stanton

Susan B. Anthony

Susan B. Anthony nació el 15 de febrero de 1820 en Massachusetts. Anthony creció en una familia de **cuáqueros**. Los cuáqueros tenían vidas sencillas. Rechazaban el canto y el baile. Su vestimenta era sencilla. Los cuáqueros creían en la igualdad. Estaban en contra de la esclavitud y pensaban que los hombres y las mujeres debían ser tratados igual. Los niños cuáqueros, tanto varones como mujeres, asistían a la escuela. En ese entonces, era bastante inusual que las niñas asistieran a la escuela. Anthony no solo fue a la escuela, sino que más tarde se convirtió en maestra. Enseñó durante diez años. Cuando Anthony pidió que le pagaran la misma cantidad de dinero que a los maestros hombres, le dijeron que no. Anthony dejó de enseñar y se concentró en los problemas sociales, como los derechos de la mujer y el fin de la esclavitud.

Susan B. Anthony

Anthony quería contribuir a que las mujeres tuvieran los mismos derechos. También quería ayudar a ponerle fin a la esclavitud. Comenzó a dar discursos y a escribir **peticiones**. Las peticiones solicitaban que se cambiaran las leyes de Estados Unidos. Si mucha gente firmaba las peticiones, quizás el gobierno de Estados Unidos cambiaría las leyes. Anthony estaba decidida a marcar una diferencia.

La activa familia de Anthony

Los padres de Anthony trabajaban para ponerle fin a la esclavitud. Eran abolicionistas. También trabajaban para el movimiento por la **abstinencia**. Este movimiento pretendía reducir, o limitar, la venta de alcohol. Los padres de Anthony también querían que sus hijas asistieran a la escuela local. Cuando la escuela local no permitió que sus hijas asistieran, el padre de Anthony abrió una escuela en su casa.

Casa de la niñez de Anthony en Massachusetts

Hijas de la Abstinencia

Anthony descubrió que a las mujeres no se les permitía participar en los grupos de abstinencia locales. Entonces, se unió a las Hijas de la Abstinencia. Era un grupo solo de mujeres. El grupo intentaba ayudar a las mujeres cuyos esposos bebían demasiado alcohol. Cuando los hombres bebían mucho, no pensaban con claridad. Algunos no alimentaban a sus familias. Otros eran violentos.

Este hombre firma una promesa de abstinencia, en la que promete dejar de beber alcohol.

Una promesa

En la asamblea contra la esclavitud en Londres, Cady Stanton conoció a Lucretia Mott. Mott era una abolicionista conocida. También apoyaba los derechos de la mujer. Las dos mujeres se prometieron algo. Organizarían la primera asamblea sobre los derechos de la mujer. Organizaron la Convención sobre los Derechos de la Mujer en 1848 en Seneca Falls, Nueva York.

La Declaración de las Mujeres

En la Convención sobre los Derechos de la Mujer, Cady Stanton leyó la *Declaración de Sentimientos*. Usó la Declaración de Independencia como modelo. Pero, en su declaración, escribió que "los hombres y las mujeres fueron creados iguales". Muchas de las mujeres que estaban en la convención firmaron esta declaración.

El comienzo de una amistad
Cady Stanton y Anthony se conocen

En 1840, Cady Stanton viajó a Londres. Asistió con su esposo a una asamblea contra la esclavitud. Los hombres que presidían la asamblea les dijeron a las mujeres que se sentaran en la parte de atras de la sala. Decían que las mujeres no podían hablar. Solo podían escuchar. Esto molestó a Cady Stanton. Quería un cambio.

Lucretia Mott

Declaración de Sentimientos de Cady Stanton

DECLARATION OF SENTIMENTS.

When, in the course of human events, it becomes necessary for one portion of the family of man to assume among the people of the earth a position different from that which they have hitherto occupied, but one to which the laws of nature and of nature's God entitle them, a decent respect to the opinions of mankind requires that they should declare the causes that impel them to such a course.

We hold these truths to be self-evident: that all men and women are created equal; that they are endowed by their Creator with certain inalienable rights, that among these are life, liberty, and the pursuit of happiness; that to secure these rights governments are instituted, deriving their just powers from the consent of the governed. Whenever any form of government becomes destructive of these ends, it is the right of those who suffer from it to refuse allegiance to it, and to insist upon the institution of a new government, laying its foundation on such principles, and organizing its powers in such form as to them shall seem most likely to effect their safety and happiness. Prudence, indeed, will dictate that governments long established should not be changed for light and transient causes; and accordingly, all experience hath shown that mankind are more disposed to suffer, while evils are sufferable, than to right themselves by abolishing the forms to which they were accustomed. But when a long train of abuses and usurpations, pursuing invariably the same object evinces a design to reduce them under absolute despotism, it is their duty to throw off such government, and to provide new guards for their future security. Such has been the patient sufferance of the women under this government, and such is now the necessity which constrains them to demand the equal station to which they are entitled.

The history of mankind is a history of repeated injuries and usurpations on the part of man toward woman, having in direct object the establishment of an absolute tyranny over her. To prove this, let facts be submitted to a candid world.

Cady Stanton habla en la primera Convención sobre los Derechos de la Mujer realizada en 1848 en Seneca Falls, Nueva York.

En 1848, Cady Stanton ayudó a organizar una asamblea importante en Seneca Falls, Nueva York. Era la primera **Convención** sobre los Derechos de la Mujer. En la convención, Cady Stanton dio un discurso clave. Estableció tres puntos principales. Dijo que las mujeres eran iguales a los hombres. Que las mujeres debían tener los mismos derechos que los hombres. Y que se les debía permitir votar. Era muy audaz decir esas cosas en ese entonces.

Tres años más tarde, Cady Stanton conoció a Anthony. Anthony estaba cansada de trabajar en grupos activistas liderados por hombres. Estaba impresionada por el conocimiento y la habilidad para la escritura de Cady Stanton. Además, había oído lo que Cady Stanton había hecho en Seneca Falls. Las dos mujeres decidieron trabajar juntas. Comenzaron a planificar formas de ayudar a las mujeres.

Cady Stanton le enseñó a Anthony sobre derecho. A veces, Cady Stanton estaba muy ocupada cuidando a sus siete hijos. Entonces Anthony la ayudaba. Organizaba reuniones y daba discursos. Las dos mujeres formaron un excelente equipo.

Cambiar una ley injusta

En una época, las mujeres casadas en Estados Unidos no podían tener propiedades. No podían comprar tierras ni ser propietarias de una casa. Tampoco se les permitía conservar el **salario** que recibían por hacer su trabajo. Y no tenían la **custodia** de sus hijos ni derechos legales sobre ellos. Anthony y Cady Stanton sabían que era necesario un cambio. Entonces, las dos mujeres se dedicaron a cambiar las leyes sobre propiedad en Nueva York.

Anthony no estaba casada ni tenía hijos. Esto le permitió tener más tiempo para organizar la lucha. Viajó por todo el estado de Nueva York. ¡Habló en 54 condados! Cady Stanton investigaba y escribía los discursos.

En 1860, Cady Stanton dio un enérgico discurso frente a los legisladores de Nueva York. Les explicó por qué las mujeres debían tener derechos. ¡El discurso dio sus frutos! Se aprobó una nueva ley. Ahora, las mujeres casadas podrían tener propiedades.

Algunos hombres no estaban conformes con el progreso de las sufragistas. Comenzaron a formar grupos contra el sufragismo.

Esta caricatura política muestra todos los escalones que las mujeres debieron subir hasta llegar al sufragio igualitario.

Firme aquí

Anthony se esforzó mucho para reunir las firmas de quienes apoyaban los derechos de la mujer. Hacia 1854, tenía más de 10,000 firmas en su petición. La petición de Anthony solicitaba que la mujer tuviera derecho a votar y tener propiedades. Les presentó su petición a los legisladores de Nueva York.

Nuevos derechos

Las nuevas leyes que se aprobaron en 1860 otorgaron nuevos derechos a las mujeres en Nueva York. Una mujer casada que vivía en el estado de Nueva York podía ahora tener un negocio. Además, podía controlar su propio dinero.

Solo para hombres

La Decimocuarta Enmienda de la Constitución de Estados Unidos otorgó derechos a los hombres afroamericanos, pero no hizo mucho por las mujeres. A Cady Stanton le molestaba que se hubiera incluido la palabra *hombre* en esta enmienda. Le preocupaba que a los hombres afroamericanos se les diera el derecho al voto y que las mujeres continuaran excluidas de la Constitución de Estados Unidos.

Sufragio universal

Cady Stanton y Anthony, junto con otras sufragistas, querían presentar una petición a la Cámara de Representantes. La petición era para el sufragio universal. Esto significaba que querían que todos tuvieran el derecho al voto. El congresista Thaddeus Stevens presentó la petición a la Cámara de Representantes en 1866.

Petición para el sufragio universal firmada por Cady Stanton y Anthony

Formación de grupos
La lucha por la igualdad de derechos

En 1866, se reunió la Convención sobre los Derechos de la Mujer. Tanto Cady Stanton como Anthony hablaron en la asamblea. Querían fundar un grupo que les daría los mismos derechos a todas las personas de Estados Unidos. Este grupo lucharía por los derechos de los afroamericanos y de las mujeres. El grupo se llamó **Asociación Americana por la Igualdad de Derechos** (AERA, por sus siglas en inglés).

A PETITION
FOR
UNIVERSAL SUFFRAGE.

To the Senate and House of Representatives:

The undersigned, Women of the United States, respectfully ask an amendment of the Constitution that shall prohibit the several States from disfranchising any of their citizens on the ground of sex.

In making our demand for Suffrage, we would call your attention to the fact that we represent fifteen million people—one half the entire population of the country—intelligent, virtuous, native-born American citizens; and yet stand outside the pale of political recognition.

The Constitution classes us as "free people," and counts us *whole* persons in the basis of representation; and yet are we governed without our consent, compelled to pay taxes without appeal, and punished for violations of law without choice of judge or juror.

The experience of all ages, the Declarations of the Fathers, the Statute Laws of our own day, and the fearful revolution through which we have just passed, all prove the uncertain tenure of life, liberty and property so long as the ballot—the only weapon of self-protection—is not in the hand of every citizen.

Therefore, as you are now amending the Constitution, and, in harmony with advancing civilization, placing new safeguards round the individual rights of four millions of emancipated slaves, we ask that you extend the right of Suffrage to Woman—the only remaining class of disfranchised citizens—and thus fulfil your Constitutional obligation "to Guarantee to every State in the Union a Republican form of Government."

As all partial application of Republican principles must ever breed a complicated legislation as well as a discontented people, we would pray your Honorable Body, in order to simplify the machinery of government and ensure domestic tranquility, that you legislate hereafter for persons, citizens, tax-payers, and not for class or caste. For justice and equality your petitioners will ever pray.

NAMES.	RESIDENCE.
Elizabeth Cady Stanton,	New York
Susan B. Anthony	Rochester—N.Y.
Antoinette Brown Blackwell	New York
Lucy Stone	Newark N. Jersey
Joanna S. Morse	
Ernestine L. Rose	48 Livingston, Brooklyn New York
Harriet E. Eaton	6 West 14th Street N.Y.
Catharine C. Wilkeson	83 Clinton Pl.

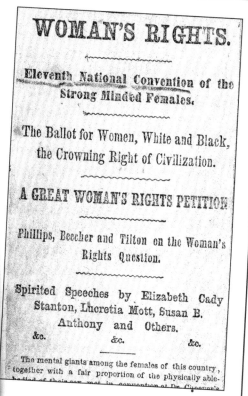

volante de la Onceava Convención Nacional por los derechos de la mujer en 1866

Cuando se formó AERA, la Guerra Civil había terminado. Los esclavos ya eran libres en el Sur. Las personas pedían un cambio en la Constitución de Estados Unidos. En 1868, se aprobó la Decimocuarta **Enmienda**. Esta enmienda establecía que todos los estados debían otorgar derechos a los hombres afroamericanos. Anthony y Cady Stanton decían que esta enmienda debía otorgar derechos también a las mujeres. Algunas de las mujeres en AERA no estaban de acuerdo. Decían que los hombres afroamericanos debían tener antes sus derechos.

Anthony y Cady Stanton estaban enfadadas. Le pidieron ayuda a AERA con la Decimoquinta Enmienda. Esta enmienda daría a los hombres afroamericanos el derecho al voto. Anthony y Cady Stanton querían asegurarse de que se incluyera también aquí a las mujeres.

El grupo se divide

Algunos miembros de AERA estaban de acuerdo con Anthony y Cady Stanton y querían que se incluyera a las mujeres en la Decimoquinta Enmienda. Decían que todos los **ciudadanos** de Estados Unidos debían tener derecho a votar. Otros miembros no estaban de acuerdo. Les preocupaba que, si se incluía a las mujeres en la enmienda, no la aprobarían. El grupo discutió y discutió. No podían ponerse de acuerdo. Entonces, se dividieron en dos grupos.

El nuevo grupo de Anthony y Cady Stanton se llamó Asociación Nacional para el Sufragio de la Mujer (NWSA). El otro grupo se llamó Asociación Americana para el Sufragio de la Mujer (AWSA). Fue una época triste para las mujeres. No era bueno que trabajaran separadas.

Anthony y Cady Stanton querían que más gente oyera lo que pensaban. Entonces, en 1868 fundaron un periódico. Lo llamaron *The Revolution*. Anthony fue la directora. Cady Stanton fue la redactora principal. El periódico les dio la oportunidad de que la gente leyera sus ideas. Pudieron mostrar a otros la importancia de los derechos de la mujer.

Cady Stanton y Anthony hablan en una asamblea de la Asociación Nacional para el Sufragio de la Mujer (NWSA).

El primer número de *The Revolution* se publicó en 1868.

La Decimoquinta Enmienda

Un periódico por los derechos de la mujer

The Revolution fue un periódico semanal sobre los derechos de la mujer. El periódico no les generaba ninguna ganancia. De hecho, Anthony tuvo que usar $10,000 de su propio dinero para pagar la deuda que generó el periódico. Anthony ganó ese dinero dando discursos. No le importaba que el periódico no generara dinero. Estaba feliz de que se escucharan las voces de las mujeres. Sin embargo, en 1872, Anthony tuvo que dejar de publicar el periódico. Ya no podía pagar las cuentas.

Sin votos para la mujer

En 1870, se agregó la Decimoquinta Enmienda a la Constitución de Estados Unidos. Decía que un ciudadano podía votar independientemente de su raza o color. No obstante, tal como Cady Stanton y Anthony habían temido, no se había incluido a las mujeres en la enmienda.

¡Es hora de votar!

Anthony infringe la ley

Anthony y otras mujeres estaban cansadas de esperar. Habían luchado para modificar la ley para que las mujeres pudieran votar y no lo habían logrado. Anthony decidió que era el momento de infringir la ley.

El 1.º de noviembre de 1872, Anthony se acercó a los hombres que estaban en la cabina de votación. Pidió una papeleta. Los hombres dijeron que no podían dejarla votar. Dijeron que la constitución del estado de Nueva York solo les permitía votar a los hombres. Anthony insistió argumentando que la Decimocuarta Enmienda de la Constitución de Estados Unidos decía que ella era una ciudadana. Y que, si era una ciudadana, se le debía permitir votar. Los hombres vieron que no había forma de ganar la discusión. Entonces, le permitieron votar.

Dos semanas después, Anthony fue arrestada. La enviaron a juicio. En el **jurado** solo había hombres. En ese momento en Nueva York, a las mujeres no se les permitía ser **miembros del jurado**. El juez les dijo a los hombres que declararan culpable a Anthony. Anthony estaba enfadada y dio a conocer su opinión frente al tribunal.

Esta caricatura de Anthony se dibujó en 1873, en el momento del juicio.

Pero el Artículo I dice...

El primer **artículo** de la Decimocuarta Enmienda establece que toda persona nacida o **naturalizada** es un ciudadano de Estados Unidos. Anthony argumentó que esta enmienda decía que ella era ciudadana de Estados Unidos y, en consecuencia, tenía derecho a votar.

Anthony se hace oír

Cuando el juez preguntó si Anthony tenía algo para declarar, ella respondió: "¡Tengo mucho para decir!". Dijo que la única forma en que las mujeres pudieran obtener **justicia** era infringiendo la ley como lo había hecho ella. El juez intentó interrumpir a Anthony, pero ella continuó hablando. Quería asegurarse de que la escucharan.

Esta caricatura sufragista muestra que incluso los hombres que no eran buenos ciudadanos podían votar. Pero las mujeres podían ser enfermeras o médicas y aun así no podían votar.

El juicio de Susan B. Anthony fue una noticia importante en ese momento.

Una cuestión de seguridad

En el invierno de 1875, Anthony dio un discurso titulado "**Pureza** social". Lo dio en el Grand Opera House de Chicago. Había una gran multitud y todos estaban entusiasmados por oír lo que tenía para decir.

Anthony dio un discurso enérgico. Dijo que las mujeres no bebían tanto alcohol como los hombres. Pero que sufrían más a causa del alcohol. Dijo que las mujeres tenían que depender de los hombres para su alimento. Dependían de los hombres para que les dieran refugio. Si sus esposos gastaban su tiempo y dinero bebiendo, las mujeres y los niños eran quienes sufrían. Argumentó que las mujeres no estarían a salvo hasta que tuvieran los mismos derechos que los hombres.

Esto molestó a quienes vendían alcohol. Pensaron que, si las mujeres podían votar, sería malo para el negocio. ¡Creían que las mujeres votarían para prohibir la venta de alcohol! Esto significaría que perderían su trabajo. Entonces, lucharon contra el sufragio femenino.

Esta caricatura muestra a las mujeres en guerra contra el alcohol.

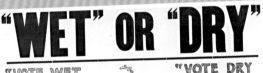

Carry Nation, una líder de la abstinencia, se hizo conocida por atacar bares con un hacha.

Impedir el voto femenino

Un **lobby** es un grupo de personas que intenta que se aprueben leyes que los beneficien. El lobby del alcohol trabajó contra el sufragio femenino. Se formaron grupos contra el lobby del alcohol. Se llamaron grupos por la abstinencia.

Forzar a la nación

Anthony decía que, algunas veces, Estados Unidos debía ser forzado a otorgarles derechos a las personas. Estados Unidos había sido obligado a ponerle fin a la esclavitud y a permitir que los hombres afroamericanos libres votaran. Ahora era necesario obligarlo a otorgarles los derechos a las mujeres.

Las mujeres que formaban parte del movimiento por la abstinencia querían que fueran ilegales la venta, la compra y el consumo de alcohol. Sentían que lastimaba a sus familias.

Pensamiento mundial

Para 1882, los hijos de Cady Stanton ya eran lo suficientemente mayores y ella pudo comenzar a viajar nuevamente. Decidió ir a Europa, ya que dos de sus hijos mayores vivían allí en ese entonces. Quería verlos. Pero no era ese el único motivo por el que viajó.

En esa época, las cosas no andaban bien para las mujeres de todo el mundo, y Cady Stanton quería fundar un nuevo grupo. Quería que la lucha fuera **internacional**. Pensó que las mujeres de todo el mundo debían trabajar juntas para mejorar sus vidas. Anthony viajó a Europa y se reunió con Cady Stanton, y allí planificaron una gran asamblea.

El Consejo Internacional de la Mujer (ICW) se reunió en 1888 en Washington D. C. Fue la asamblea más importante de la época. Llegaron mujeres de muchos lugares diferentes. Su objetivo era formar un grupo de mujeres en cada país del mundo. Los grupos trabajarían juntos y se ayudarían mutuamente. Estados Unidos formó su grupo de inmediato. Pero no fue así en otros países. Cady Stanton y Anthony se sintieron defraudadas. Las cosas no salieron como esperaban.

Las líderes de ICW, incluidas Anthony (segunda, desde la izquierda en la primera fila) y Cady Stanton (tercera, desde la derecha en la primera fila)

Un volante de la conferencia del Consejo Internacional de la Mujer (ICW)

Un día especial

La primera asamblea del Consejo Internacional de la Mujer tendría lugar un día muy especial. Era el cuadragésimo aniversario de la primera Convención sobre los Derechos de la Mujer en Seneca Falls, Nueva York. Esta era la primera asamblea que Cady Stanton y Mott habían planificado cuando se reunieron en Inglaterra por primera vez.

Se escribe la historia de la mujer

En la década de 1880, Cady Stanton y Anthony trabajaron en otro importante proyecto. Publicaron *Historia del sufragio femenino*. Eran tres enormes **volúmenes**. La hija de Cady Stanton, Harriot, las ayudó a escribirlo. Un tiempo después, Anthony agregó tres volúmenes más a la colección.

Reunidas en 1890

El movimiento sufragista aún estaba dividido en dos grupos. El grupo de Cady Stanton y Anthony era la Asociación Nacional para el Sufragio de la Mujer (NWSA). NWSA luchaba contra la Decimoquinta Enmienda. Estaban disconformes porque la enmienda no incluyó a las mujeres.

NWSA tenía objetivos importantes. Anthony consideraba que trabajar por el derecho al voto de las mujeres era lo más importante. Pero Cady Stanton quería cambiar otras cosas también. Creía que las mujeres debían poder tener el trabajo que quisieran. Pensaba que debían poder **divorciarse** si era necesario. Creía que el **código** de vestimenta de las mujeres era demasiado estricto.

Mientras Cady Stanton y Anthony trabajaban arduamente con su grupo, también lo hacía la Asociación Americana para el Sufragio de la Mujer (AWSA). No obstante, ambos grupos reconocieron que serían más fuertes si trabajaban juntos. Debido a que, para ese entonces, la Decimoquinta Enmienda ya había sido aprobada, los grupos pudieron dejar de lado sus diferencias y unir fuerzas nuevamente.

La Asociación Nacional Americana para el Sufragio de la Mujer (NAWSA) en 1919

"WOMEN ARE CITIZENS OF THE UNITED STATES, ENTITLED TO ALL THE RIGHTS, PRIVILEGES AND IMMUNITIES GUARANTEED TO CITIZENS BY THE NATIONAL GOVERNMENT."

NATIONAL *American* WOMAN SUFFRAGE ASSOCIATION
OF THE UNITED STATES.

Esta es una tarjeta de membresía de la Asociación Nacional Americana para el Sufragio de la Mujer firmada por Cady Stanton y Anthony.

Un sueño hecho realidad

Para ese entonces, algunos cambios habían mejorado la vida de las mujeres. Harriot Stanton pudo hacer algo que para su propia madre, Elizabeth Cady Stanton, era solo un sueño. Se graduó de la Universidad de Vassar con un título en matemáticas.

El gran grupo

A pesar de que Anthony era ahora la sufragista más conocida, seleccionaron a Cady Stanton para que fuera presidenta del grupo. Anthony les había pedido a las mujeres que votaran por Cady Stanton. Anthony no se sentía cómoda siendo presidenta cuando Cady Stanton era el motivo por el que ella era miembro del movimiento sufragista en primer lugar.

El nuevo grupo se llamó Asociación Nacional Americana para el Sufragio de la Mujer (NAWSA). NAWSA se convirtió en el grupo sufragista más importante de Estados Unidos. Cady Stanton fue elegida como presidenta del nuevo grupo.

Sanción para Cady Stanton

Cady Stanton fue la primera presidenta de NAWSA. Sin embargo, en 1892, le pidieron que abandonara el grupo por escribir *La Biblia de la mujer*. Anthony le pidió a NAWSA que no sancionara a Stanton por escribirla, pero las mujeres votaron 53 a 41 a favor de separarse de Cady Stanton. Cady Stanton estaba enfadada por no ser más miembro del grupo que ella misma había fundado.

Presidenta Anthony

La nueva presidenta de NAWSA era ahora Anthony. Cady Stanton le pidió a Anthony que renunciara o que abandonara el grupo. Pensó que Anthony la apoyaría y no que defendería la decisión de NAWSA. Anthony no sabía qué hacer. Estaba en desacuerdo con el accionar de NAWSA y quería apoyar a su amiga. Pero, al final, Anthony decidió quedarse con NAWSA y ser su presidenta.

Una gran controversia

Una **controversia** ocurre cuando las personas están totalmente en desacuerdo con respecto a algo. Cady Stanton creó una gran controversia en 1895.

Cady Stanton leyó la Biblia. Pensaba que algunas de las mujeres que allí figuraban eran fuertes. Pero también consideraba que, en algunas partes de la Biblia, no se respetaba a las mujeres. Muchas personas basaban su trato hacia las mujeres en lo que decía la Biblia. Cady Stanton pensó que se debían volver a escribir algunas palabras para ayudar a cambiar el trato hacia las mujeres. Decidió reescribir la Biblia.

Esta idea fue muy **controversial**. Incluso algunas de las mujeres en NAWSA no la apoyaron. Modificar la Biblia iba en contra de las creencias de muchas personas. Pero cambiar las creencias de la gente respecto a las mujeres era exactamente lo que Cady Stanton quería hacer.

Cady Stanton comenzó a escribir *La Biblia de la mujer* en 1892. Se publicó en 1895. Había cosas en el libro que escandalizaron a mucha gente. La nueva biblia no decía específicamente que Dios era mujer, pero lo daba a entender.

Anthony (de pie)
y Cady Stanton

Las notas de Cady Stanton
para *La Biblia de la mujer*

El fracaso es imposible

Cady Stanton pasó sus últimos años con sus hijos y nietos. También continuó escribiendo para los periódicos acerca de los derechos de la mujer. Le decía a la gente lo que pensaba y la gente la escuchaba. Cady Stanton murió en 1902, solo dos semanas antes de su 87.º cumpleaños. Anthony estaba devastada. Le dijo a un periodista: "Estoy demasiado destrozada para hablar".

En ese entonces, Anthony también estaba enferma. Su médico le había recomendado que dejara de trabajar. Pero Anthony no quería parar. Pensaba que aun quedaba mucho trabajo importante por hacer.

En 1906, Anthony tenía 86 años de edad. Habló ante una asamblea de NAWSA. Dijo que las mujeres tendrían pronto su derecho al voto y agregó: "¡El fracaso es imposible!". Unas pocas semanas después, Anthony murió.

Cady Stanton y Anthony no vivieron para ver que las mujeres obtuvieran el derecho al voto. Pero su trabajo marcó una diferencia. **Facilitaron** el camino y dieron el ejemplo para futuras mujeres sufragistas. Fue gracias a su valentía que finalmente, en 1920, se les otorgó a las mujeres el derecho al voto. Anthony y Cady Stanton serán recordadas siempre como exitosas **reformadoras** del movimiento para los derechos de la mujer.

Una sufragista sostiene una pancarta con la famosa frase de Anthony en 1915.

IN MEMORIAM
ELIZABETH CADY STANTON.

On Sunday, October 26th, at three o'clock in the afternoon, Elizabeth Cady Stanton "fell asleep."

The news of her death transpired just as this department went to press. Scarcely more than a fortnight before her death Mrs. Stanton was talking with the Editor, who was impressed by the wonderful clearness of her mind and the sprightliness of her manner. At this time was taken the photograph of Mrs. Stanton reproduced herewith. The article printed with the photograph had just been dictated by Mrs. Stanton to her secretary for this department. Her signature is reproduced from a copy of "The Woman's Bible," which she had just signed and presented to the Editor.

Had Mrs. Stanton lived till November 12th she would have celebrated her eighty-seventh birthday, with Susan B. Anthony as her guest. Miss Anthony had sent her birthday greeting to Mrs. Stanton for publication in this department. The beautiful sentiment expressed by Miss Anthony in the last paragraph of this greeting makes it a fitting *in memoriam* of the noble life of her lifelong friend.

MISS ANTHONY'S BIRTHDAY GREETING TO MRS. STANTON.

My Dear Mrs. Stanton:—

I shall indeed be happy to spend with you the day on which you round out your four score and seven, over four years ahead of me, but, in age as in all else, I follow you closely. It is fifty-four years since first we met, and we have every one of them, to recognize the rights been busy through we grow, the more stirring up the world humiliation of dis- of women. The older the more vividly we keenly we feel the tages in every depart- franchisement, and most of all in the realize its disadvan- We little dreamed ment of life, and contest, optimistic labor market. buoyancy of youth, when we began this laterwewould be com- with the hope and finish of the battle to that half a century women. But our pelled to leave the joy to know that they another generation of equipped with a col- hearts are filled with business experience, enter upon this task mitted right to speak lege education, with which were denied to with the fully ad- They have practically in public — all of —the suffrage; we had women fifty years ago. courageous, capable but one point to gain take our place and all. These strong, There is an army of young women will but a handful; ancient complete our work. so softened, public sentiment so liberalized, and women have so thoroughly them, where we were their ability, as to leave not a shadow of doubt that they will carry our cause to victory. prejudice has become

And we, dear old friend, shall move on the next sphere of existence—higher and larger, but will be welcomed on a plane of perfect intellectual and spiritual equality.

Ever lovingly yours,

Susan B. Anthony

Elizabeth Cady Stanton. Her last photograph taken about two weeks before her death.

La muerte de Cady Stanton tal como la narró un periódico.

Estado por estado

Algunos estados permitieron que las mujeres votaran antes que otros. En 1890, Wyoming se convirtió en el primer estado en permitir que las mujeres votaran. Diez años después, Utah, Colorado e Idaho también les permitieron votar.

¡Al fin!

La Decimonovena Enmienda otorgó a las mujeres el derecho al voto. El Senado votó primero la Decimonovena Enmienda en octubre de 1918. Fracasó por tres votos. El Senado finalmente aprobó la enmienda en 1919. Pero no se convirtió en ley hasta 1920.

La Decimonovena Enmienda

H. J. Res. 1.

Sixty-sixth Congress of the United States of America;

At the First Session,

Begun and held at the City of Washington on Monday, the nineteenth day of May, one thousand nine hundred and nineteen.

JOINT RESOLUTION

Proposing an amendment to the Constitution extending the right of suffrage to women.

Resolved by the Senate and House of Representatives of the United States of America in Congress assembled (two-thirds of each House concurring therein), That the following article is proposed as an amendment to the Constitution, which shall be valid to all intents and purposes as part of the Constitution when ratified by the legislatures of three-fourths of the several States.

"ARTICLE ———

"The right of citizens of the United States to vote shall not be denied or abridged by the United States or by any State on account of sex.

"Congress shall have power to enforce this article by appropriate legislation."

F. H. Gillett.

Speaker of the House of Representatives.

Thos. R. Marshall

Vice President of the United States and President of the Senate.

Glosario

abolicionista: una persona que lucha contra la esclavitud

abstinencia: el consumo de poco o nada de alcohol

activistas: personas que toman medidas para cambiar la sociedad

artículo: una parte separada de un documento que trata un solo tema

asociación: una organización de personas con un propósito común

ciudadanos: personas que son miembros de un estado o un gobierno y están protegidos por él

código: una colección de leyes o reglas

controversia: algo sobe lo cual existe una gran diferencia de opinión

controversial: idea o tema sobre los cuales las personas tienen opiniones diferentes y firmes

convención: una reunión formal de miembros

cuáqueros: miembros del grupo religioso conocido como Sociedad de Amigos

custodia: control legal sobre un hijo

divorciarse: terminar legalmente un matrimonio

enmienda: un cambio oficial de la Constitución de Estados Unidos

facilitaron: preparon un camino fácil, sin complicaciones

internacional: que involucra a más de un país o nación

jurado: grupo de personas que decide si una persona juzgada por un delito es culpable o inocente

justicia: el acto de ser tratado justamente o con justicia

lobby: grupo de personas que intenta que se creen leyes que los beneficiarán

miembros del jurado: integrantes de un jurado

naturalizada: ser un ciudadano nacido u obtener derechos de ciudadanía

peticiones: pedidos para cambiar algo

propiedades: cosas que se poseen como tierras, bienes o dinero

pureza: el estado de ser puro o estar libre de culpas o maldad; inocencia

reformadoras: personas que realizan mejoras mediante la eliminación de fallas

salario: dinero ganado por el trabajo

sufragio: el derecho al voto

sufragistas: personas que pensaban que debía permitírseles votar a las mujeres

volúmenes: serie de libros que forman una colección o una obra completa

Índice analítico

¡Tu turno!

NOTA: La caricatura anterior ha sido traducida de una fuente de información primaria: la imagen de la página 13.

Desde la época en que los primeros colonos llegaron a América del Norte, las mujeres fueron tratadas como ciudadanos de segunda clase. No se les permitía ir a la escuela, trabajar fuera de la casa en la mayoría de los empleos, tener propiedades ni votar. Para lograr la igualdad respecto a los hombres, tuvieron que trabajar para hacer grandes cambios.

Vista desde abajo

Analiza la caricatura política que está arriba. Lee todas las palabras de la escalera que puedas. Después, imagina cómo se debe sentir la joven de la caricatura. Escribe en un diario sobre los derechos igualitarios desde el punto de vista de la joven.